ママが幸せになる魔法の言葉

歯科医師＆臨床心理士＆ママ
石井 久恵

ブックウェイ

プロローグ

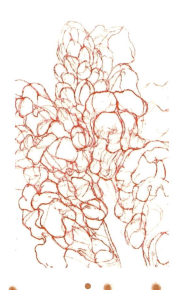

幸せなママになる ||||||||||||||||||||||||||||||||||||||||||||||||

　長女が大学生になり、家を出ていった。

　引っ越し当日。娘の部屋に荷物を入れたあと、今夜食べるものを買いに近くのスーパーに向かった。娘はいつも食卓に並んでいた野菜、納豆、豆腐、魚に肉と、買い物かごに入れていく。

「卵焼き作る？」

「うん。」

「あら、卵焼き用のフライパンが売ってないね。」

「東京って足利より田舎！」

　笑いながら歩くけど、私の目には涙。

「下町だね〜。商店街にあると思うよ。」

　涙目を悟られないように冗談を言いながら歩く。

　18年前、私はこの子を産むまで随分悩んだ。

　なぜなら、親になるということは、絶対にギブアップできない責任を負うことだから。

　この世の中、大抵のことは変えたりやめたりする選択肢がある。向かない仕事なら職種や職場を変えることができる。どうしても合わない学校なら転校したり、やめることもできる。気の合わない友達とは、無理に付き合わなくてもいい。住む

場所を変えることもできる。いざとなったら、選択肢はたくさんある。選択肢を増やし、視野を広げることで人生は前進していくものだ。

でも親になることは、やめるという選択肢がない。大仕事だ。その重圧に私は耐えられるだろうか。仕事で疲れたらペースを落とすこともできる。精神的に落ち込んだら、本を読んだり映画をみたりして、自分を取り戻すこともできる。兄弟のいない私は、一人でいる時間をとても大切にしてきた。一日の終わりに、その日を振り返って一人でのんびり過ごす時間を持つことでエネルギーを充電する。私は自分のペースで生活することに慣れ親しんで生きてきた。

「案ずるより産むが易し」とは、とても考えられなかった。

子どものペースに合わせて生きられるほど、私は成熟した人間だろうか。イライラして子どもに当たってしまったらどうしよう。自分の発した一言が子どもの心に突き刺さって、一生残るような傷になったらどうしよう。きちんと育てられずに、母親失格だと周りから非難されたらどうしよう。歯科医の仕事も、子どものためにやめた方がいいのだろうか。子どもが何歳になれば仕事に復帰してもいいのだろう。何年も離れてしまったら、もう二度と仕事に戻ることはできないかもしれない。頭の中で様々な想いが果てしなく、ぐるぐる回った。

赤ちゃんと接する経験がほぼゼロに等しかった私には、子ど

ものいる生活を想像することが出来ず、不安ばかりが募った。親という大切な仕事をまっとうする自信が持てなかった。中途半端な気持ちで出産することは、子どもに失礼な気持ちがした。私は大真面目に悶々と悩んでいた。

　どんな親になればいいのだろう、と心理学の本を読みあさった。今では結婚しても子どもを持たないという選択をする夫婦にも社会は理解を示すけれど、20年くらい前は結婚したら子どもはすぐに出来るものだと思われている時代だった。ぐずぐず悩んでいた私は、周りからは、お子さんはまだですか？　早く親に孫の顔を見せてあげなさい、と矢のような催促に見舞われた。子どもを産もうとしないなんて、女性として最低だ、という言葉をかけられたこともある。人と会うことが憂鬱になった。なぜ世の中の人は、結婚イコール子どもと考えるのだろう。子どもが幸せに育つように、自分自身を磨く時間も大切だと、なぜ理解してくれないのだろう。

　私は、子どもに幸せになってもらいたい。子どもを幸せに出来る親になりたかった。
　5年間、悩みに悩んでついに覚悟を決めることにした。私は子どもを持つ人生を選択する。

でも、自己犠牲の上に成り立つような子育てでは、子どもも自分も幸せになれないと思った。

　ようやく、子どもも自分も幸せになるにはどうすればいいのか学びながら育てればいい、と思えるようになった。見知らぬ大海原にダイブして泳ぎ始めることにしたのだ。

「産まれたら、絶対に放棄できない大切な仕事が待っている」そう思うと、陣痛の痛さにも挑戦するような気持ちだった。出産は私が母親になることの始まりだ。新しい人生がスタートする、と意気込んでいた。

　産まれて来た我が子はかわいくて、どうにも無力な存在だった。自分では何も出来ないのに、大きな存在感をまとって私の腕の中にいた。こんなフニャフニャな生きものが、しゃべったり歩いたりするようになるのか。しゃべったり、歩いたりするように育てるのは私だ。

　押し寄せる重責。頼りない私。かわいいだけで育てられるのか。早く自立できるようになってほしい。自分の頭で考え、自分の力で人生を歩ける人になってほしい。何もわからないけど、この子を幸せにしたい。この子の幸せは私にかかっている。不安でいっぱいの母親だった。

　一生懸命育てた。いろんなことがあった。

　果てしなく遠くに感じられた子どもの自立だったのに、気づけば18年の歳月が過ぎ、娘は大学1年生。

　自立させることに一生懸命だった私が、自立する娘を前に下

町のスーパーで泣いている。スーパーで納豆を買いながら泣いている。寂しいけれど、寂しいなんて意地でも言いたくない。だって、娘はこれから自分の人生を歩いていくのだ。

18年間、私と過ごしてくれてありがとう。

重責から逃れたかった情けない私を、親らしき存在にしてくれてありがとう。

「好きな道を選びなさい！」

私は娘にそう言い続けた。

彼女が選んだのは私と同じ歯科医の道。花屋でも宇宙飛行士でもよかったのに。私と同じ道。

「だって、お母さん楽しそうに生きてるから！」

簡単に言うな！　と思った。

でも、その言葉を待っていたよ。そのために私はあなたを産むときに覚悟した。

「大人になるって素敵」と思ってもらえるように生きようと。

それが子どもも自分も幸せになる道だと信じたから。

楽しそうに生きる大人は、悩んでも学び、成長し続ける大人だと思った。

幸せに生きる姿を見せることが、私にできる最大の子育てだと思った。

なぜなら、親が幸せでなかったら、子どもは安心して自分の道を歩けないではないか。

　生きるって楽しそうと思ってもらうためにも、夢を持ちつづけようと決めた。いくつになっても「もう年だから」なんて言わない。いくつになっても幸せそうだね、と子どもが感じるように。

　幸せな大人の姿は、子どもに夢を与える。
　幸せな大人が増えたら、歳を取ることが楽しみになる。
　子どもたちは大人になるのが待ち遠しくなる。
　子どもを持つことは、幸せな大人になる覚悟を決めること。

　ママになる覚悟は、幸せになる覚悟だ。

7

ママが幸せになる魔法の言葉
目　次

プロローグ

幸せなママになる……………………………………………… 2

第1章　自分の心を解放しよう

二人の自分……………………………………………………… 12

罪悪感を手放す………………………………………………… 17

子どもの自分を忘れない……………………………………… 21

時間と仲良くなる……………………………………………… 25

子どもが描く地図……………………………………………… 31

つらい思い出は上手に使える………………………………… 36

第2章　子どもの心を覗いてみよう

「いやっ！」の意味…………………………………………… 44

子どもの心を感じてみる………………………………… 47

子どもが「言うことを聞かない」わけ…………………… 53

言葉になっていないものに耳を傾ける…………………… 59

子どもは厳しさを待っている……………………………… 64

子育てで育む一番大切なもの……………………………… 69

心配するより応援しよう…………………………………… 73

第3章　常識の外側にある本質

子どもと信頼関係を築く…………………………………… 78

ほんとうに大切なことは目には見えない………………… 82

親の想いと子どもの幸せ…………………………………… 87

思春期こそ子どもと話そう……………………………… 91

子育てを手放すとき……………………………………… 96

それぞれの絵を描く……………………………………… 103

大人の寂しさを楽しむ…………………………………… 107

子ども心を忘れない……………………………………… 112

親子のカタチ……………………………………………… 117

エピローグ
アルバムの中の笑顔……………………………………… 122

注釈……………………………………………………… 125

第1章
自分の心を解放しよう

二人の自分 ||||||||||||||||||||||||||||||||||||||||||||||||||||

子どもを産むという選択は
「母」という、もう一人の自分を
生み出すことのように思える。

それは、学生から仕事を持つという選択をした
ときと少しだけ似ている。

すごく簡単に考えると、
学生時代に風邪を引いて学校を休んでも、
クラスメイトに大きな迷惑をかけることはあま
りない。
休んで困るのは、つまり自分。

でも、仕事を持つようになると
風邪を引いて休むことで
他の人の仕事に影響するようになる。

女性が子どもを持つという選択をすることは
自分の行動が子どもに影響を及ぼすことのス
タートだ。

子どもがお腹にいるときから、
それは始まる。

うっかりお酒は飲めないし、
妊娠中にハイヒールを履くとヒンシュクを買う。
食べ過ぎてもいけない。
食べなくてもいけない。
病気になっても安易に薬は飲めない。

とつきとおか、の妊婦を無事終えて、
子どもと自分が二人に分離されても

初乳で子どもにしっかり免疫を与え
そのあとも、
刺激物を食べると母乳の味が変わると気を使い

おちおち眠ることも出来ず

ちょっとだけ子どもと離れてみても
時間になれば、
おっぱいが張って
ああ！　授乳の時間だぁ、と、
身体で反応。

母、というもう一人の自分を
この世に送り出した限り

それまでの自分と、
母という自分、

第1章　自分の心を解放しよう

二人の自分を生きていくことになる。

二人の自分の狭間で葛藤しない人も
いるかもしれない。
すんなり二人の自分とつき合える人も
きっといる。
だけど、なかなかそう簡単にはいかない。

二人の自分の狭間で悩むのは
母という自分も
自分としての自分も
どちらも大切にしたいから。

母になる！、と決めたからには
子どもを幸せにする責任がある。

　だけど、そのために自分の人生のすべてを捧げ
ることも、何だか違うように思える。

　子どもの授業参観で「泣いた赤鬼」のお話が扱
われたことがある。
　テーマは友情。

　人間は鬼を怖がって近寄らない。
　赤鬼くんは人間と仲良くなりたいけれど、うま
くいかない。

人間と仲良くなりたい赤鬼くんのために、
自分が悪者を演じることを思いついた青鬼くん。

青鬼くんを退治したふりをして赤鬼くんはヒーローになった。
青鬼くんのおかげで、赤鬼くんは人間と仲良くなることはできた。
ラストシーンで赤鬼くんは、
自分のために村から去っていく青鬼くんを思って泣く。

授業で先生は
「赤鬼くんのために、自分を犠牲にした青鬼くんの友情は素晴らしい」
と言った。

私は、どうにも納得できなくて。
そんなの友情じゃなーい！　と思ってしまった。

『赤鬼くんも、青鬼くんもどちらも人間と仲良くなって、
二人とも幸せになる道は必ずあるはず！』
と、私は担任の先生に感想文を書いた。

誰かの幸せのために、
自分が我慢したり、
犠牲になったりするのは、
何かが違う。
きっと、どちらも幸せになる道はある！

私はそう思う。

母としての自分も、
自分としての自分も、
もちろん、子どもも！
それぞれが自分らしく生きて、
それぞれに幸せになる道は必ずある。

母という自分と、
自分という自分。
それぞれを幸せに生きていくと、
いつの日か。
二人の自分は、
新しい自分になっていく。

母という要素と
自分という要素

それぞれが重なり合い。
混ざり合い。
やがて、
新しい自分が生まれる。

子どもが自立するまで、
過ぎてしまえば、
それは、ほんのつかの間

その間
母という自分と
自分という自分
どちらも大切に生きていこう。

子育てが終わって
ふと我に返ったそのときに出会う
新しい自分を誇れるように
今日も二人の自分を大切に生きよう。

大人になるって
母になるって
素敵なことだ！　と、

子どもたちが憧れる素敵なママになろう。

そんなママの姿が子どもの生きる勇気になればいい。

そうして、子どもも新しい自分を作っていけばいい。

罪悪感を手放す

後悔ほど辛いものはない。

そのときは精一杯やったつもりなのに、
思いがけない結果に出会うと、

ママが幸せになる魔法の言葉

「ああしておけばよかった、こうしておけばよかった」
　過去の自分を振り返って思い悩んでしまう。

　何事もうまくいくときもある。
　いかないときもある。

　特に、子育てのことになると、
　心配事のひとつひとつが
「自分のせいだ」とママは感じてしまう。

　ときに後悔は、
　不完全な自分への罪悪感となってママを苦しめる。

　これは、カウンセリングで出会ったママのお話。

　ママは子どもに起きた交通事故の場面を前日の夜、夢に見た。
　不吉な夢と思いつつも、まさかそれが現実になるなんて……
　夢に見たのに事故を止められなかった自分を、
　何年もずっと責め続けていた。

　どうして、あの日子どもを送り出してしまったのか、と。

やり直しがきかない過去について思い悩むほど
辛いことはない。

それが自分の大切な人についてだったら、
なおのこと辛い。

私はカウンセリングでママの想いを聞いているうちに、
ひとつのことに気がついた。

後悔や罪悪感は
同じだけ大きな愛なのだ、と。

ママの後悔は消えない。
ママの罪悪感は消せない。
消すことは
きっとできない。

だって、それは愛なのだから。

それなら、無理に消そうとせず

形を変えて
大切に持っていればいい。

ママは精一杯、子どものことを考えてやってきた。
それは、まぎれもない真実。

第1章　自分の心を解放しよう

ママが幸せになる魔法の言葉

黒くて、重くて冷たい罪悪感ではなく、
持っていても押しつぶされないような形に変え
てみよう。

形を変えて
重さを変えて
温度を変えて

ママも子どもも、
過去ではなく未来を生きる力にしよう。

その気持ちの本質はママの愛なのだから。

ママの愛は、きっと
きれいな色をしている。

「今、お子さんは、笑顔になることがあります
か？」
「はい、一緒に笑うことはあります。」

ママの愛は子どもを笑顔にする力を持ってい
る。

大丈夫。
いっぱい愛を注いできたのだから。
罪悪感を手放そう。

罪悪感は過去に、
愛は未来につながる。

人は何かを失うこともあるけれど、
本当は失ったものと同じだけ、見えない何かを得ている。

見えない何かを見つけたとき、
忘れたい過去は、
価値のある過去になる。

泣きながら、ママは笑顔になった。
その笑顔が子どもをさらに笑顔にする。

過去の後悔を愛に変えて、未来を笑顔で包んでいこう。

子どもの自分を忘れない

大人になると
毎日忙しくて
自分の心のことなんて
忘れてしまいがちになる。

子どもの頃みたいに、
素直に泣いたり喜んだり出来なくなる。

仕事だから……。

ママが幸せになる魔法の言葉

親だから……。
つきあいだから……。
大人だから……。

大人は、
言葉が言葉通りの意味をなさないことが
当たり前になっている。

「今度、お食事をご一緒しましょう。」
「また是非お会いしましょう。」

言ってはみるけど、
言ったことさえ忘れてしまう。

だって、お互い忙しいし、
社交辞令はお付き合いの潤滑油だったりする。

そして、
そういうことに慣れてしまうと、
子どもにも、つい同じようなことをしてしまう。

「今度、遊びに連れて行くよ。」
「いい子にしてたら、○○してあげる。」

大人は言っておいて
言ったことさえ忘れてしまう。

だけど子どもは
言葉をそのまま信じる。
遊びに連れて行ってくれるのを
心待ちにしている。

○○してほしくて
一生懸命いい子にしている。

いつになっても実現しない言葉を
信じて待っている。

やがて

大人の言葉が言葉通りではないことを知る。

「真に受けるなんて、ばかだねぇ。」
「仕事なんだから、仕方ないでしょう！」

　大人にとっては他愛のない一言が、
　子どもの心に残ってしまうこともある。

　大人は、仕事のことや、
　日常のイライラをぶつけてしまっただけかもしれない。

　でも子どもは
　そのまま言葉を受けとる。

第1章　自分の心を解放しよう

ママが幸せになる魔法の言葉

大人になった自分の心の中にも、
そんな子どもの自分がいるはず。

大人として生きていく術も大切。

だけど、それを当たり前だと思わないようにしよう。
大人の常識だけで生きていると、
自分のなかの子どもが泣いているかもしれない。

心の中の子どもの自分が笑顔になるように生きよう。

傷ついていた
子どもの自分を見つけたら
心の中のその子どもを元気にしよう。

もし、
心のなかの子どもの自分が泣いていたら。

気づかなくてごめんね、
と、抱きしめてあげよう。

ママの心の中で、
子どもの自分が笑顔なら、
子どもたちも、きっと笑顔になる。

ママが心の中の子どもの自分を大切にすることは、
子どものままでいることとは違う。

子どもの自分を忘れないことは、
人を信じる純粋さを忘れないこと。

信じ合える親子になろう。

信じ合える関係性を、教えてあげよう。

人を信じる心が、
子どもの未来を幸せへと導いてくれるはずだから。

時間と仲良くなる

子育てをしていると
いつも時間に追われているように感じる。

命がけの出産が終わると

３時間ごとの授乳という
エンドレスの役目がスタートする。

自分自身が子どもの食料！　なのだから、
まさに命がけのお仕事だ。

ママが幸せになる魔法の言葉

家の中にいても
出かけていても
とにかく、3時間後の授乳めがけて
子どもの元に戻らなくてはならない。

3時間もあるなんて
余裕じゃん！
などと思うのは甘い。

赤ちゃんは、うとうと眠ったり飲んだりで
1回の授乳に30分くらいかかることもある。

実質2時間半で行動は区切られる。
授乳の合間にはオムツ替えも家事もある。

心置きなく過ごせる時間はない。

お腹を空かせて泣き叫ぶ我が子を救えるのは私
だけ！
一刻も早く！　と焦って転んだこともある。
（笑）

心ゆくまでのんびりできた時代は
終わりを告げる。

授乳は終わり、夜泣きもなくなると

ほっと一息。

でも、
心ゆくまでのんびりする余裕はない。

幼稚園、保育園のお迎え。

習い事の送り迎え。
学校行事。
塾の送り迎え。

仕事が終わっても
果てしなくやることはある。

忙しいときに限って
風邪を引く。
病気になる。
ぐずぐず言う。

下の子は風邪
上の子は明日、部活で朝早い
お弁当も作らなきゃ！

もう無理！
ギブアップ！

ママが幸せになる魔法の言葉

ここまで行ったら開きなおろう。

もういいや
風邪の子どもとつき合おう。

お弁当は誰か作って！
誰かって誰？

もう無理！　と宣言したら
上の子が卵焼きを作り始める。
パパがご飯を炊き始める。

もういいや
熱が高くならないように
水枕して一緒にいるよ。

添い寝していると
体温が伝わってくる。

熱が上がったとか
下がったとか
体温計なんてなくてもわかる。

風邪引いて辛いね。
熱があっても
がまんして

偉いね。

そうやって
子どもと過ごすと

時間を忘れる。

私にも
子どもにも
家族にも

時間は今しかない。

がんばって時間を稼ごうにも
稼げない。

そういう時は
時間を忘れよう。

時間の海にプカプカ浮いて
揺蕩(たゆた)ってしまおう。

いつもは前を向いて頑張っているけど
時には
上を向いて空を見上げてみよう。

第1章　自分の心を解放しよう

ママが幸せになる魔法の言葉

時間は思ったより
ゆっくりと流れている。

力を抜いて
時間に身を任せてしまえば
時間に追われることも
時間を追うこともない。

時間を味わうことも出来る。

後になって振り返ると
時間を忘れたときのことが
大切な思い出になる。

時間を忘れるときは
時間にとらわれない時。

それは
時間を大切にしている時かもしれない。

時には時間を支配することをギブアップして
価値ある時間を過ごそう。

時間を追わず
時間に追われず
時間に支配されず。

時間と仲良くなろう。

時を忘れて
時を感じよう。

時を感じると
時は広がる。

時が広がると
余裕が生まれてくる。

時間と戦うのをやめて
仲良くしよう。

そのとき、ほんとうに大切なものが見えてくる。

子どもが描く地図

子どもが小さいとき、
心配ごとの多くは、
ママの手の中にある。

段差が危ない
お口に入れてはダメ！
風邪を引いた
熱が出た

ママが幸せになる魔法の言葉

お友達とけんかして泣いた
……

その頃は、ママがちょっと手を貸してあげれば
心配ごとはなくなることが多かった。

もちろん
ママの手の中に収まらないこともある。

誰かの手を借りることも必要だし、大切なこと
だ。

それでも
何があっても
子どもは成長していく。
変わらないように思えることでも
時の流れは止まらない。

人は時という流れの中に
留まっていることはできない。

そして
ママの手のなかにあった心配ごとは
少しずつ
ママの手のなかから
離れていく。

少しずつ、少しずつ
自立に向かう。

ママはこれまで
いろんな経験をしてきた。

だから、子どもより
遥かにいろんなことを知っている。
目的地にたどり着くための地図を
ママは持っていることも多い。
自分がたどった道があると
つい、アドバイスしたくなる。

そこは右！
その交差点は危ないから止まって！
その分かれ道は左よ！
ママには目的地への道が見えている。

だけど、
子どもの代わりに
歩いてあげることはできない。

目的地に向かって
一歩、一歩
足を踏み出すことが出来るのは
子ども自身。

第1章　自分の心を解放しよう

地図を持っているママにとって、黙って見守ることは辛い。

　手を引いて歩きたくなる。

　でも
　よく見てほしい。

　ママが持っている地図は
　ママが歩いた道。

　今、子どもが歩いている道は
　似ているように思えてもママが歩んだ道とは違う。

　ママはその道をバスで通ったかもしれない。
　でも、子どもは
　電車を選ぶかもしれない。

　バスの路線図は電車を使う人には
　必要ない。

　ママはバスを選んでも
　子どもが目的地にたどり着く方法は
　他にもある。

楽！　早！　安！
アプリの経路検索みたいには
効率よく行かない。
時には迷うかもしれない。

目的地までの経路を決めるのは
子ども自身。

自分の地図は
自分の力で描いていく。

ママは
子どもの地図を
代わりに描くことはできない。

もちろん
代わりに歩くことも出来ない。

アドバイスに意味はない。

ママはママの道を歩こう。

そして、子どもの描く地図を信じて見守ろう。

子どもが描く地図はママの知らない世界。
どんな世界が広がるのか。

小言を言っても意味はない。

一生懸命育てて来たのだから、
後はワクワク楽しもう。

つらい思い出は上手に使える ⅢⅢⅢⅢⅢⅢⅢⅢⅢⅢⅢⅢ

自分の子ども時代について、
人は様々な想いを抱いている。

ある人は両親の愛に包まれた
幸せな感覚を覚えているかもしれない。

ある人は、親からの理不尽な言いつけや
暴力を受けた辛い場面を思い出すかもしれない。

暴力だけではない。

親の期待に添うために
一生懸命にいい子にしてきたことが
辛い思い出として残っていることもある。

多くの人は
暖かい思い出と
辛い思い出

どちらも抱えて生きてきた。

そして私たちは
無意識のうちに
親の優しい面や温かい面を見習おうとし
嫌だと感じたところを
排除しようとしている。

自分が親になったときに
子どもに同じ思いをさせないように。

親に愛された記憶が少ないと
子育てをするとき困難に感じることがある。

でも、つらい思い出が必ずしも困難に繋がるとは限らない。

　精神科医であり天才的な治療者と称されたミルトン・エリクソンの元に、両親に愛されない辛い子ども時代を過ごした女性が相談に訪れた。
　彼女は愛された経験のない自分は、幼い娘のいい母親になれないと悩んでいた。
　そこでエリクソンは催眠療法で、その女性が子どものころ、ドアに爪先をぶつけてしまったときのことを思い出させた。

　そして、エリクソンはその女性に問いかけた。
「あなたの娘さんは、いつか自分の爪先をドアにぶつけてしま

ママが幸せになる魔法の言葉

うことがあるかもしれません。そのとき、あなたが爪先をドアにぶつけるとどんなに痛いかを知っていれば、娘さんを勇気づけることが出来ます。だから、あなたは爪先をぶつける痛みを忘れずに覚えておきましょう。そうではないですか？」

　人は自分がしてきた経験を変えることはできない。
　でも人は経験の見方を変えることはできる。

　そして
　経験は見方によって
　意味づけの違う記憶に変わる。

「幸せな子ども時代がなかったという経験は、爪先をぶつけた記憶と同じように、いい母親になろうとしたとき役立つのです。」とエリクソンは話した。

　自分の心の中から排除したい辛い思い出も
　意味づけを変えて
　子育てに役立つ記憶として自分の中に残しておくこともできる。

　たとえば
「右手を意識している」と、自分自身に何度か語

りかけたら
　右手を意識するようになる。

　同じように「右手を意識しないようにしよう」と思っても
　人は右手を意識せざるを得ない。

　排除して、忘れようとすることは
　結果的にその体験を意識し続けることになる。

　ならば、体験を学びという形に変えよう。

　排除する必要のないものにすることで
　その体験から自由になることを
　選ぶことができる。

　自分が親になるとわかるけれど
　親も人間。

　完璧にいい親になることは、おそらく不可能だ。
　いい親になることを最初から諦めろ、ということではないけ
れど
　どんなにがんばっても
　無理な部分もあることを受け入れよう。

　そして
　がんばったけれど完璧でない部分は

第1章　自分の心を解放しよう

39

ママが幸せになる魔法の言葉

ぶつけた爪先の痛みの記憶のように
将来、子どもの役立つ記憶にもなってくれる。

理不尽な思いをしたことは事実であり
その体験を変えることはできない。

だから一定の期間、怒りを持つことも当然。

でも、怒りや辛さから解放されず
忘れたい体験を持ち続けるのも
同じように辛いことだ。

私たちは辛い体験を、役立つ記憶へと変える力
を持っている。

いい体験はそのまま持っていればいい。

そうやって
どちらの体験も受け入れてしまうほうが
子育ては楽しくなる。

いい親になろうとして、
自分の子育てに無用の罪悪感を持つ必要もない。

人間が人間を育てているのだから

完璧でなくてもいい。

　親の完璧でなかった部分を
　自分自身が好きな色で縁取れば
　それを見て子どもは
「辛い体験も自分で彩りを変えることができるのだ」ということ
とを知る。

　完璧を目指すより、そのほうがずっと素敵だと思う。

第2章
子どもの心を覗いてみよう

「いやっ！」の意味

子どもが1〜2歳くらいになると、
何に対しても「いやっ！」と言うようになる。

歯磨きしようとすると　いやっ！
着替えさせようとすると　いやっ！
時間までに出かけようとすると　いやっ！
ジュースではなくお茶をあげると　いやっ！
とにかく何でも、いやっ！！

この時期の子どもは、
自分で歩いたり食べたり
出来るようになる。

泣くこと以外に
自分で何もすることが出来なかった赤ちゃんか
ら自ら何か出来るようになる。

「自立」が始まる時期。

言葉も少し理解できるようになる。

それでも
自分の感情や想いを言葉で表現するのは
まだまだ未熟。

だから
この時期の「いやっ！」には
様々な意味が隠されている。

自分でやりたい！
それは、きらい、気に入らない！
いまやっていることを最後までやりたい！
自分で選びたい！
こわい！
それをやりたくない……！

自分の想いを伝えたいけど
うまく伝えられない。

だから、とにかく
「いやっ！」という言葉で訴える。

子どもに「いやっ！」と言われると
ママは自分が否定されているように
感じてしまうこともあるだろう。

大人は「いやっ！」という表現から
拒否されたと感じてしまいがちだが
子どもの「いやっ！」には
もっとたくさんの意味が込められている。

ママが幸せになる魔法の言葉

毎日、いやいやにつき合っていると
ママはうんざりしてしまう。

でも
子どもは
ママを否定したり拒否したりしているわけでは
ない。

子どもの想いを
ママが言葉で表現してあげるといい。

寒い日
上着を着せようとしたとき
お気に入りのTシャツが着たくて
「いや〜」と泣き出したら
「このTシャツが好きなのね。これが着たいの
ね。わかったよ。だけど寒いから、この上着も一
緒に着たらあったかいよ。」

言葉を代弁しながら、必要なことを伝えてあげ
よう。

子育ては根気が必要。

「いやっ！」の意味を
ママが根気よく言葉にしてあげると

やがて子どもは
自分で自分の想いに
気づくようになる。

いやいや期は、言葉でコミュニケーションをとるための準備
期間だと考えよう。

もう一息！

もう少し頑張ると、子どもといろんな話が出来るようになる。

子どもの心を感じてみる

当たり前だけど
親は子どもより長く生きている。

だから、その分
いろんなことを経験してきた。

親が子どものことを考える時
それは、自分の過去と重なる。

あのとき、自分はこうだった。
だから、今の自分はこうなった。

と、いうことは

ママが幸せになる魔法の言葉

子どもの今の状況から推測すると
将来はこうなるような気がする。

子どもの未来を明るく感じられるとき
親はウキウキする。

だけど、未来に不安を感じるとき
親はドキドキする。
そわそわする。
あたふたする。

そして、そんな時
こうなったらどうするの！
という自分の不安を
なかなか上手く抑えられないこともある。

自分のお腹に
命が宿ったとき
無事に生まれてくれればいい、と思った。

無事に生まれてくれたとき
元気に育ってくれればいい、と思った。

一人で歩けるようになって
一人で食べられるようになって
一人でトイレに行けるようになって

話が出来るようになって
一緒に泣いたり、笑ったり出来るようになって

幸せがいっぱい増えた。

そこにいてくれるだけで
十分幸せを感じられた。

だけど
子どもは成長する。

親の手の中から
少しずつ
少しずつ
離れていく。

その過程で
親は安心がほしくなる。

安心を示してくれるものは
比較によってもたらされることが多い。

他の子より早くしゃべった！
他の子より早く自転車に乗れた！
他の子より早く九九を覚えた！

ママが幸せになる魔法の言葉

そして
だんだん
比較の世界に引き込まれる。

比較の世界は不安の世界。
なぜなら、比較の世界の価値観は
他者に依存する。

人は他の誰かと同じではない。

比べることをやめると
違いは、個性になる。
その子らしさ、になる。

比較の世界で不安になったとき
その不安は
子どもの将来にはない。

その不安は
ママの心の中にある。

親としての自分が不安になったとき
子どもの心を感じてみよう。

親の不安を感じ取って
子どもの心はママの何倍も不安かもしれない。

反対に
何とかなる！　と思っているかもしれない。

そして
未来は
子ども自身によって
形作られていく。

子どもは「今」を必死に生きている。

心配するのも
不安になるのも
親心。

親心は親のもの。

親心をプラスにコントロールするのが
親のお仕事。

子どもの力を信じよう。
それが子どもの勇気になる。

子どもの勇気が
なりたい未来を作っていく。

なぜなら、心で感じたことが現実になっていくのだから。

ママが幸せになる魔法の言葉

子どもの未来を信じる勇気を持とう。

子どもの気持ちが前向きになれば
子どもの未来は必ず明るい。

生きていると
いろんなことがある。

いつでも順調というわけにはいかない。

だけど、辛いことを乗り越えていくことで
人生は豊かになる。

幸せな人生とは、困難に挑戦して
それを乗り越えていく過程にある。

だから、困難は幸せの始まり。
大切なのは、どんな気持ちで挑戦していくか。

自分の不安から
子どもに小言を言いたくなったとき
つい、偉そうにお説教したくなったとき
子どもの心を感じてみよう。

そして、子どもの気持ちが前に向くように
一緒にいろいろ話をしよう。

その過程で親も子どもも成長していく。

その過程が
信頼関係を作っていく。

その過程が
人を信じる心を作っていく。

人と人との関係が
人生を彩っていく。

親との関係がそのスタートになる。

そのことを心して
子どもの心を感じてみよう。
自分の心を感じてみよう。

お互いを思いやる心が
素敵な未来を連れてくる。

子どもが「言うことを聞かない」わけ

あーしなさい！
こーしなさい！
そーしなさい！

ママが幸せになる魔法の言葉

どーしてしないの！

ゆー（言う）こと聞きなさい！

もーいやっ！！

　ママは何とかして子どもに言うことを聞かせようとする。
　だって、ママはいつも子どものためを思って言っているから。

　ここで、ちょっと考えてみよう。
「言うことを聞かない」と思っているのは誰？

　そう！ママ！

　子どもがママの言う通りに行動しない目的はなんだろう。
　たぶん「ママの言うことを聞かない」ではないはず。

　ママが言っているのと、違うことをしたいのかもしれない。

　かんしゃくを起こして、
　自分の気持ちをどう立て直したらいいのかわか

らないのかもしれない。

　ママに何かしてもらいたいのかもしれない。
　何か他のものが欲しいのかもしれない。

　ママから見たら「言うことを聞かない」状況だけど
　子どもは「言うことを聞かない」という方法で、自分の思い
を訴えている。

「言うことを聞かない」＝「私はこうしたいの！」

　子どもは子どもなりに自分がどうしたいのか主張しているの
だ。

　ここで。
　そうだったのね！　と子どもの欲求を通せばいいわけではない。

　その場でどういう行動を取るといいかを決めるのはママでい
い。
　状況判断は、幼い子どもにはできない。

　この場ではママの言う通りにさせたほうがいい。
　そう判断したら
　子どもの「思い」は受け取ったことを伝えよう。

「こう思っているのね。」

第２章　子どもの心を覗いてみよう

55

さて、
　わかったけど、言うことは聞いてもらう必要が
ある。

　どうするママ！！

「言うことを聞きなさい！」が、あまり有効では
ないことは、多くの親が実証済み。

　では、どうするか。

　しつけのツールは１つだけではない。
　むしろ無数にある。

　ツール（道具）でしつけを考えるのか！
　と怒られそうだが、
　ツールを上手に使うことはとても大切

　さて、どんなツールがあるか。

　褒める
　ママが見本をみせる
　子どもに選択肢を与える
　行動の結果をわからせる
　何が問題かを理解する
　注意をそらす

かまってあげる
抱きしめる
まわりの環境を工夫する
話して聞かせる

etc……

どのツールがどんな状況で役立ちそうか。
どれとどれを組み合わせるとよさそうか。
どんな順番がいいか。

しつけの方法について
一人で考えてもいいけれど
同じくらいの年齢のママたちが集まって
一緒に考えるのも楽しい

子育てには困ったことや
問題と感じることが
たくさんある。

困った！　困った！
どうしよう、どうしよう！
と思っているだけでは
問題はなかなか解決しない。

時には「待つ」ことが有効な時もあるけれど

ママが幸せになる魔法の言葉

こうして、いろいろ考えると
解決策が見つかることも多い。

解決策を見つけていくことは
楽しいと感じることも出来る。

毎日、同じことの繰り返しに思える
子どもとの日々を
少しだけでも変化させていくことは
きっとできる。

しつけのため、と言って
子どもを叩いたり
怒鳴ったりしなくてもいい方法は
必ずあるはず。

ママを困らせる子どもの行動には、
子どもなりにポジティブな意図があるはず。

つい怒ってしまうママにも
ママなりのポジティブな意図がある。

コミュニケーションのツールを上手に使って
ママと子どもの笑顔を広げよう。

言葉になっていないものに耳を傾ける

私たちは普段、相手の話した言葉をそのままの意味で受け取る。

「好きです。」と言われればそうなのだと思うし
「嫌い！」と言われれば嫌われたと思う。

でも、本当に相手が伝えたいことは言葉よりも
言葉以外に現れている。

態度や声のトーン
大きさ
表情
姿勢
身体の動きなどは
言葉の意味以上に本質を伝える

たとえば
子どもが「ただいまー！」と帰ってくるときも
いろいろ非言語的な表現をしている。

嬉しいことがあったとき
いやなことがあったとき
悔しい思いをしたとき
悲しい思いをしたとき

それぞれに「ただいまー！」は微妙に違うはず。

あれっ？　いつもと違うと感じる感性が
ママにはとても大切

「何かあったの？」と聞いたとき
「あのね」と話してくれればいいけれど
なかなか、そうはいかない。

自我が芽生える時期になると
「何でもない！！」
と、怒ったような口調で答えるかもしれない。

その場合、「何でもない」は、たぶん何でもなく
ない。

「何でもない！」の中にもいろいろなメッセージ
がある。

放っておいてよ
イライラする
辛いことがあるけど、話したくない
どうでもいいや
……

そんなとき、つい

「何でもなくないでしょ！」
「何があったの！」
「話してみなさい！」
「どうしたの！！」
　心配のあまり問いつめてしまいたくなる。

　ママの心の中は
　何があったのだろう
　友達とけんかしたのかしら
　先生に怒られたのかしら
　……

　心配な出来事が渦巻く。

　何があったかを知って
　なんとかしてあげたい。

　急ぐ気持ちもよくわかる。

　でも
　こういう時こそ
　言葉になっていないものに耳を澄ませてほしい。

「元気がないね」
「辛そうに見えるよ」
「怒ってるんだね」

「身体に力が入ってるね」
……

　言葉になっていないものから伝わってくる言葉
にならない思いを
　ママが言葉にしてみよう。

　何かきっとあったのだろう。

　その何かを聞いてあげることも
　とても大切。

　でも、その前に
　その何かによって
　どんな気持ちになっているのか
　それの想いをわかってあげることのほうが
　ずっと大切。

　ママが言葉にした想いが
　もし合っていなくても
　ママが一生懸命わかろうとしていることが伝わ
ることが大切。

　問題には必ず解決策がある。
　私はそう思う。

でも、冷静になるには
気持ちや感情をわかってもらいたいのだ。

悩んでいる気持ちを理解してもらえて初めて人は
問題と向き合う勇気が持てる。

問題から目をそらしている限り
問題は解決しない。

問題と向き合う覚悟が決まると
解決策が見えてくる。

一緒に考えることは出来る。
だけど、問題に向き合っていくのは
子ども自身。

代わってあげることはできない。

人は自分の荷物しか背負えない。
たとえ子どもであっても
代わりに荷物を背負ってあげることはできない。

だからこそ
荷物を背負う力をつけてあげよう。

ママは（パパは）

私の苦しみをわかってくれている。
そう思える安心感が
問題と向き合う力となるはず。

言葉を疑うのではない。
言葉では伝えられない想いがあることを知って
おこう。

言葉に出来ない想いを感じようとしてくれる人
がいるのはどんなに心強いだろう。

言葉は世界を作る
非言語はその人の世界を語る。

言葉になっていないものから
子どもの世界を感じてみよう。

子どもは厳しさを待っている ||||||||||||||||||||||||||||

子育てに大切なのは
「優しさ」と「厳しさ」

厳しさは「覚悟」と言い換えてもいいかもしれ
ない。

どちらもとても大切なのに

いつの頃からか
優しさが優勢を占めるようになった。

子どもの気持ちを大切に！
叱らない子育てを！

子どもの気持ちを大切にして
「どうしたいの？」と
子どもに聞き続けると
子どもは不安になる。

なぜなら、生まれながらに
どうすればいいのかを
知っている子どもはいないから。

大人だって、見知らぬ土地で行き先がわからなくて途方に暮
れているとき
「好きな方に行っていいよ。」
と言われたら、どう感じるだろう。
「この道を行きなさい」と言ってくれる人こそが
ありがたい存在ではないだろうか。

子どもが大泣きしたり、
かんしゃくを起こしたりしているとき
子どもの心は
どうしよう、どうしたらいいの？

と途方に暮れている。

そんなときは
「こうしなさい」と言ってあげよう。

たとえば、虫歯で歯医者さんに来て
いやだ〜帰る〜！！　と泣いている子には
「できる？　どうする？」ではなく
「がんばって虫歯を治しなさい。」
と言ってあげよう。

「がんばりなさい！」
とママが言うと子どもは治療が出来る。

「できる？　どうする？」とママが聞くと
ほとんどの場合、子どもは治療できない。

子どもの気持ちを大切にしていい場面と
子どもの気持ちを聞いてはいけない場面がある。

それを判断するのが親の仕事。
それが大人の責任。

「がんばりなさい！」
という「厳しさ」が時には必要なのだ。
「厳しさ」には覚悟がいる。

「厳しさ」があってこそ、「優しさ」は存在価値を持つ。

　親になるのは、自らが選択する覚悟だ。

　覚悟とは、全身全霊でするもの。
　命がけ！

　子どもは「厳しさ」を嫌うと思っていないだろうか。

　本気で生きようとしている子どもは
「厳しさ」から逃げない。

「厳しさ」から逃げない子どもを育てるのは
　大人の覚悟だと思う。

「厳しさ」とは、怒りではない。
「厳しさ」とは、一時の感情ではない。
「厳しさ」とは、本当は「優しさ」のことかもしれない。

　であるなら
「厳しさ」という覚悟のない「優しさ」は
　偽物かもしれない。

　本気の大人に出会ったとき
　子どもは輝く。
　本気の大人は子どもの壁になれる。

子どもは壁を乗り越えて生きる力を身につけていく。

子どもにとって、本気の大人はかっこいい。

本気の大人に出会うと、子どもの瞳は輝く。

私は子どもを怒鳴ったり
叩いたりしたことは一度もないけれど
もし、命に関わるような時には
大声で怒鳴るし
危ないときには、殴ってでもその場から助けるだろう。

「本物の厳しさ」に出会ったとき
本気で生きていないと、怖いと思う。
本気で生きていれば、ありがたいと思う。

相手から、ありがとうと言われるような
「本物の厳しさ」を持った大人になろう。

子どもが憧れるような本気の大人になろう。
子どもは本気の大人を待っている。

子どもは、「本物の厳しさ」を待っている。

子育てで育む一番大切なもの

赤ちゃんが生まれると
ママはちゃんと育てなくちゃ！　と
必死にがんばる。

何時間おきにおっぱいを飲んだとか
何 cc ミルクを飲んだとか
１ヶ月で体重が何グラム増えたとか
身長が何センチ伸びたとか
…
母子手帳の成長曲線に我が子の体重や身長を書き込んで
一喜一憂したりする。

幼稚園の背の順で大きいとか小さいとか
お絵描きが上手とか
やっと逆上がりが出来たとか

学校のテストが何点とか
どこの学校に受かったとか

とにかく、いろんなことが気になる。

でも、よく考えると
これらのことは
すべて比較で成り立っている。

比較の世界では、基準は外にあるので
結果はいつも相対的な価値でしかない。

比較して結果を相対的に見ることも
もちろん必要ではある。

勉強も仕事も相対的な価値で評価され
学校を選んだり
仕事で人に選ばれたりしていくのだから。

忘れてほしくないのは
人にとって一番大切なもの。

それがないと
どんなに結果を出しても
誰かより優れていても
求めているものの本質が
相対的な価値に留まっている限り
本物の満足や幸せが得られないもの。

それは
自己肯定感。
もしくは自己重要感。

自己肯定感・自己重要感とは
ただ存在しているだけで

自分には十分に価値がある、と
特に根拠がなくても感じられる根本的な安心感のこと。

自己肯定感や自己重要感を持っていると
相対的な世界の下に安定した安心感を持つことになる。

だから、常に評価に頼らなくても
心の底に安心感を持っていられる。

反対に自己肯定感や自己重要感を持てないと
何かに依存して生きることになりがちだ。

人の評価、お酒、薬、ギャンブル
もしくは、人間関係、恋愛など
一時的な高揚感を得るプロセスがやめられない。

能力が非常に高く社会的に成功を収めた人が
麻薬に溺れたり、女性関係で地位を失ったりするのも
自己肯定感が持てないことと関係している。

話が逸れたが
子育ては、身体や能力を育てるだけでなく
自己肯定感、自己重要感を育てることが
最も大切なのだと思う。

ママが幸せになる魔法の言葉

でも、パパもママも
子どもを育てていると思っていても
子どもの自己肯定感、自己重要感も
育てる必要性を、ほとんど意識していない。

子どもの身体が健康に育つために
食事や生活習慣を整えることはとても大切。

自立して生きていけるように
社会のルールを教えることも
とても大切。

だけど、本当に大切なのは
食事や生活習慣、社会のルールを教えるなど
いわゆる「しつけ」として子どもと関わる中で
子どもの自己肯定感、自己重要感を育んでいく
こと。

どんな態度で子どもと関わるか。
どんな言葉を子どもにかけるか。

日常の関わりの中に
子育ての本質は散りばめられている。

取り返しがつかないか、というと
そうではない。

でも、出来れば
過去の傷を癒すことに時間と労力を使うより
自分の存在を信じて
誰かの役に立つことにエネルギーを使ってほしい。

子育てで育てているのは
身体や能力だけではない。

パパやママが育てる一番大切なものは
子どもの自己肯定感、自己重要感。

そのことを意識して子育てをすると
きっと未来は変わる。
私はそう思う。

心配するより応援しよう

子どもは可愛い。
だからこそ
何かあったらどうしようと
ママたちの心の中は心配でいっぱいだ。

体重が他の子より少なくて心配。
歩き始めるのが遅くて心配。
転んで怪我をするのが心配。
階段から落ちたらどうしよう。

他の子は泣かないのに、うちの子だけ泣くのが
心配。
　友達と上手くやれるか心配。

　小さいうちだけでなく、大きくなっても心配の
タネは尽きない。

　勉強が心配。
　受験が心配。
　就職が心配。
　結婚が心配。

　何事もなく幸せになってほしいと願うのが親心
でも、何事もない人生などおそらく存在しない。
　何かあっても乗り越えていける子になってくれ
たほうが、本当は安心だ。

　でも心配するママの心の中は、
　マイナスイメージでいっぱい。
　ああなったら、どうしよう。
　こうなったらどうしよう。

　そしてそのイメージは不安として子どもに伝わ
ってしまう。
　そして、心配した通りになると
「だから、心配だって言ったじゃない！」と、

つい言ってしまう。

成功すれば心配はなくなるのだろうか。
ママの心の中に不安がある限り
心配は途切れることなく続くだろう。

子どもに伝えたいのは不安ではなく
何があってもあなたなら大丈夫だよ、と
ママが子どもを信じる心。

それをもらうと子どもの心に安心感が芽生える。

安心の気持ちを伝えたいなら、子どもを応援しよう。
ママが応援して見守ってくれていることが伝わると
子どもはきっと
落ち着いていろいろなことにトライして生きていける。

応援しているママの心の中はプラスのイメージでいっぱい。

こうすればもっといいよ。
大丈夫だよ。
そして、応援した通りになると
「よかったね。あなたなら出来ると思っていたよ！」

ママの心が応援の気持ちでいっぱいなら
もし失敗しても応援し続けることができるだろう。

それがママの役割。

心配と応援。
どちらも子どもの幸せを願ってのこと。

でも、子どもに伝わるメッセージは
不安と安心。
正反対だ。

心配してドキドキし続けるより、子どもの力を
信じて応援してあげよう。

ママの笑顔が子どもを笑顔にしていく。

第３章
常識の外側にある本質

子どもと信頼関係を築く ||||||||||||||||||||||||||||||||||

親子なのだから、わかり合えて当然
と思っていないだろうか。

勉強しなさい！
部活をがんばりなさい！
挨拶をしなさい！
携帯電話を離しなさい！

親なのだから
子どものことを心配して当然
子どもはいつかわかってくれる。

ほんとうにそうだろうか？

心理学の世界には
コミュニケーションのスキルが数々ある。

たとえば
「○○さん、いつもありがとう。
　あなたには、いつも助けられているよ。
　そしてね、ここをこんな風にしてくれたら
　さらに、いいと思うんだけど、どうかな？
　あなたなら、きっと出来ると思う。」

自分の伝えたいことを、プラスの言葉ではさんで
相手が受け入れ易くする
サンドイッチコミュニケーション
などなど……。

子育て本にも様々なスキルが載っている。

でも、スキルが生きるのは
相手と信頼関係（ラポール）が築かれていることが前提。

なぜなら
「何を言うか」より「誰が言うか」のほうが
ずっと重要だから。

よって
他人とのコミュニケーションスキルで
最初に学ぶのは
信頼関係（ラポール）の築き方。

子育ての本にも、
子どもとのコミュニケーションスキルがよく登場するが、
子どもとのラポールを最初に築くことは
あまり重要視されていないように感じる。

思春期に入って、子どもが反抗期になることも
成長の証であると捉えるが

第3章　常識の外側にある本質

反抗の本質には、
わかってもらいたい
親ともっとよい関係を持ちたいという子どもの
思いがあるはずだ。

誰かと信頼関係を築こうとするなら
その相手を尊重し、相手の気持ちに添うことが
大切。

自分の言動に対して、相手は心地よく感じてい
るか。
相手の思いを否定していないか。
いろいろなことに配慮する。

そして、お互いを大切にできる関係を築けたとき
相手を信頼する気持ちが生まれる。

大人でも、長い期間
信頼関係を築きつづけるには
それ相応の気遣いや忍耐力
さらには、相手を信じる気持ちも必要になる。

私たちは子どもと信頼関係を築くことに
それほどの労力をかけていないのではないだろ
うか。

親子だから、血がつながっているから
という理由で。

もしかしたら、それは親の甘えかもしれない。

子どもは親を通ってやってくるが
親のものではない。

家族だから、親子だから
という甘えを捨てたら
もっとずっといい関係を築くことができる。

そして、親との間に築かれた信頼関係が
子どものその後の人間関係に大きく関与していく。

人生の豊かさは
信頼できる人間関係が基本になる。

仕事で成功しているように見える人でも
本当の幸せを感じていない人はたくさんいる。

本当の幸せを手にするには
豊かな人間関係に基づいた、
仕事の成功であり、地位や名誉である必要がある。

子どもの幸せを願うなら

ママが幸せになる魔法の言葉

子どもとの信頼関係を大切にしよう。

子どもは自分の考えを持っている。
自分の夢を持っている。

親も自分の考えを持っている。
親も自分の夢を持てばいい。

お互いの考えを
お互いの夢を
尊重し合える信頼関係を築こう。

親子だから、という甘えを捨てて
子どもとの日々を大切に過ごそう。

親は今を
子どもは未来を
生きていくのだから。

ほんとうに大切なことは目には見えない

「ほんとうに大切なことは目には見えない。」
　小説『星の王子さま』に出てくる名言。
　ほんとうに大切なことは心で見るものだと言うこと。

人はつい、目に見えるものを信じてしまう。
だけど、真実は見えない部分に隠されていたりする。

子どもが起こす問題も同じ。

学校に行きたくない。
家で暴れる。
極端なダイエットで摂食障害になる。

困った問題として目に見えているけれど
ほんとうに大切なことは
目に見えないところにある。

目にみえる出来事を起こすことで
本人も意識しないまま
子どもは家族の抱える問題を解決しようとしている。

全く会話のなくなったママとパパが
子どもの不登校によって
関係性を持たざるを得なくなる。

家で暴れたら、
ママと仲の悪いおばあちゃんが
危ないから出て行かざるを得なくなったりする。

家族のなかでいい子をやることに疲れてしまった子どもが

摂食障害によって
緊張した家族関係を変えていく。

ほんとうに大切なことを知るには
目にみえないものに耳を傾けてみよう。

ほんとうに大切なことは
心で見ないと見えない。

大人も同じだ。

参ったな、と思う出来事のなかに
大切なメッセージが隠れている。

何かを得たとき
有頂天になると
浮かれた気分と同じだけ
何かを失う。

どうしてこんなことが
自分に起こるのか…
落ち込んでも、
心の目で見つめ続けると
落ち込んだのと同じだけ
大切な何かが見えてくる。

何が起きても
どんなに苦しくても
人はそこから大切な何かを得ることができる。

目には見えない大切なものが見えたとき
理不尽な出来事の本当の意味を知る。

苦しんでもいい。
悲しんでもいい。

苦しみの中で
悲しみの中で

目には見えない大切なものに
心の目を澄ませよう。

心の目を閉じてしまうと
目に見える世界だけで生きることになる。

目に見える結果によって
人から評価され認められる世界。

それは相対的な世界
ほんとうの自分自身には関係なく
相対的な価値は上がったり下がったりする。

第3章 常識の外側にある本質

相対的な世界はいつも不安定。

人から認められることに
人とのつながりを求めると
人の価値観に振り回されることになる。

ほんとうに大切なものが見えると
人の価値観に振り回されなくなる。

人の価値観から解放されるには
人から認められたいという
相対的な価値観から自由になること。

相対的な価値観から自由になるには
自分が認められたい
という思いから、誰かを幸せにしたいへと
思いをシフトすること。

目に見える結果にとらわれなくなったとき
心の目が研ぎすまされていく。

星の王子さまの純粋さは
心の視力を衰えさせない。

親の想いと子どもの幸せ

世の中には境界がはっきりしているようで
実は曖昧なものがいろいろある。

世間体と本音、とか
夢と限界、とか
能力と教育、とか
仮面と実像、とか
情熱と無理、とか……

そして、人は境界線の
あちらとこちらで
右往左往する。

境界線の位置によって
人は楽にもなるし
苦しくもなる。

境界線の位置によって
ものごとは
逃げにもなるし
挑戦にもなる。

境界線の位置を決めるのは
結局、自分の覚悟。

第3章　常識の外側にある本質

だけど、人は覚悟を決めようとしては、
つい逃げ
逃げた一線を最善の選択というコーティングで
覚悟と装ってしまうこともある。

挑戦なのか逃げか

自分の心は本質を知っている。

本当に大切なことは
逃げでも挑戦でもなく
自分の心の声に素直であることではないか、と
ふと思う。

自分の心から目を反らさずにいること。
これは簡単そうで難しい。

自分のことでさえ
そうなのだから
子どものこととなると
さらに難しい。

子どもに笑顔でいてほしい
幸せであってほしい
賢くあってほしい
聡明でいてほしい

快活になってほしい

親の想いは熱い

だけど、その熱い想いを構成しているものは
世間体や時代の流れや
自分の幼少期の経験や
思春期の迷いや
大人になってからの挫折や
成功や
夢や
諦めや……

たくさんの要素が
混沌と混ざり合い
もはや
何がなにやら
わからなくなる。

親の想いと子どもの幸せがイコールとは限らない。

そんな時は
産みの苦しみの末に
初めて子どもと出会ったときのことを思い出そう。

生まれたばかりの赤ん坊は

第3章　常識の外側にある本質

ほんわかした存在というより
むしろ神々しい。

猿みたい！　なんてよく言われるけれど
猿から人へと進化したばかりのような
不思議な生命力と
生まれながらにして
すべてを知っているような
賢者の風格を持っている。

それは、
この世を生きていく決意のようにも
見えはしないか。

あれこれ心配したくなったら
初めて対面したときの
生命の塊のような
進化の瞬間のような
圧倒的な存在感を思い出そう。

そして、子どもの幸せを信じる覚悟を決めよう。

親は子どもが歩く「未来の世界」には入れない。
未来を信じて、今を生きよう。

自分の心に素直に、
親も子どもも自分の現在（いま）を生きよう。

心の中の自分の欲求と
他者の欲求の境界線を明確に引ける人は
自分以外にいないのだから。

思春期こそ子どもと話そう

子どもが小学生の頃を「子育ての夏」と呼んだ人がいる。
２〜３歳のイヤイヤ期を過ぎ、
どこへ行くにも何をするにも
ママ〜、ママ〜…
と、後を追ってくる幼児期を過ぎ。

親の言うことを理解して
口答えすることも少なく
身の回りのことは、ある程度自分でできる。
褒めれば素直に喜び
叱れば、シュンとする。

親にとっては、燦々と太陽が輝く楽しい時期。

乳幼児期の苦労の時を超えて
小学生は「子育ての夏」とは、言い得て妙。

楽しい夏が6年間も続くのだから
まさにパラダイス。

時には雷雨のときがあっても
基本的に夕立はあっという間に去って
また日が射す。

いつまでもこんな日々が続くと思っていると
ふいにやってくる思春期。

ついこの間までは
「ママ！　○○ちゃんがね！」
「学校の先生がね！」と
ママに一番に報告してくれたのに
気づけば、友達が一番。

あんなに素直でいい子だったのに
今や、ちょっと注意すると
ぷいっ！

思春期になると
ママに、ぷいっ！　となるのは
自我の芽生えでもあるのだから
意味のあることでもある。

「子育ての夏」の間も

子どもはしっかり成長していたのだ。

子どもは成長したのに
ママはずっと同じように子どもと接していないだろうか。

成長した子どもを目の前にして
素敵な夏の思い出にひたっていないだろうか。

子どもが成長したら
親子の関係も成長すればいいのではないか。

人が成長すると
人間関係も変化していくのは自然の流れ。

それは大人も同じだと思う。

出会ったときに気が合ったとしても
一方が成長し、一方が現状維持に留まると
やがては関係性は変化していく。

ずっと仲が良い友達というのは
お互いが成長し続けているのだろう。

どちらも現状維持だと
いくつになっても、ただ遊んでいるだけで
刺激し合って一緒に進んでいくような関係性にはなれない。

親子の関係も人と人との繋がりであることに変わりはない。
子どもが成長するなら
親も成長していきたい。

ママがいつまでも
過ぎ去った夏の思い出に浸っていたら
子どもは今の話ができない。

夏が過ぎたら、実りの秋がくる。
親も変化すれば、思春期は夏とは違った
趣のある季節になるはずだ。

自我同一性
つまりアイデンティティを確立していく
大切な時期。

そろそろ「ママと子ども」ではない
新しい関係が始まってもいいのだ。

こんなとき、ママ自身も夏の間に
悩んだり、苦しんだりしつつ
自分の人生を歩いていれば
子どもの思春期は「実りの秋」になるだろう。

「子育ての夏」はママから子どもへのメッセージ

が多いかもしれない。

でも、「子育ての秋」思春期は
子どもからのメッセージに耳を傾けよう。

これから自立していく子どもの想いに耳を澄ませて
いろんな話をすればいい。

思春期は、ママと子ども、から
1人の人間同士としての関係への過渡期。

とても素敵な関係が始まる時期。

友達が一番でいい
ママは友達とは違う
横並びではないけど
そろそろ、上下関係でもない。

ちょっと特別な関係
思春期こそ、子どもと話すことはたくさんあると思う。

親の役割にしがみつくのをやめると
新しい素敵な関係が待っている。

将来どんな仕事がしたい？
どんな人になりたいの？

どこに住んでみたいと思う？
どんな本が面白かった？
悩むよね、わからないよね。

自分の将来について、悩むことがとっても大切。
ママとは違う人生を歩めばいい。
どんな人と出会うのかな。

お説教ではなく、子どもの想いをたくさん聞こう。

思春期こそ、子どもといろんな話をしよう。

子育てを手放すとき

子どもが小さいとき
毎日はあまりにも大変で
いつになったら子育てが終わって
自分の時間が戻ってくるのだろう
そう思うことがある。

幼い子どもを育てる日々は慌ただしく
その割に、時間はなかなか過ぎていかない。

去年も今年も
それほど変わりのない日常が
延々と

メリハリもなく続く。

子育てはいつまで続くのだろう。

子どもが大きくなる頃には
自分はいい歳になって
自分の人生は終わってしまうような気がしてくる。

子育てに終わりはあるのか。

親子の絆は深い。
親子の縁は切れない。

親子は一生死ぬまで親子。
親が子どもを心配するのは当たり前。

親の想いは深い。
親の想いは暖かい。

でも時に
子どもにとって
親の想いは
重い。

いつから親の想いは
重くなるのだろう。

それは
あんなに大変だった日々が過ぎ
　子どもの世話をする必要がなくなってくる頃か
もしれない。

　子どもが自分で出来ることも
ついやりたくなってしまう頃からかもしれない。

　中学生や高校生の子どもに
ハンカチ持った？
お弁当持った？
車に気を付けてね！
右見て、左見てから横断歩道を渡るのよ！！！

　子どもは変わる。
　子どもは成長する。
　自分の足で歩き始める。

　早く終わりが来ないかしら、と
思っていた子育てに
終わりの気配を感じた時。

　親はふいに寂しくなってしまう。

　終わりがないように感じていた子育てが
終わろうとしている。

そのとき
親子の絆とか
親子の縁とか
死ぬまで親子とか
まだまだ心配

と言い出して
何とか子育てを継続しようとする。

だって
大変だったけど
子育ては楽しかった。

大変だったけど
子どもは死ぬほど可愛かった。

終わっちゃ嫌〜！
としがみつきたくなる。

でも、子どもはもう
自分の足で歩きたいのだ。
手放してあげることが
子どものためになる時期がくる。

その時になって
待って！　待って！　としがみつくと

第3章　常識の外側にある本質

親の想いが重くなる。

その時が来たら
目を閉じて
それまでの日々を思い出そう。

大変、大変と言いながら
育てて来た
一つ、一つの過程を思い出そう。

山積みになった思い出を
一つ、一つ丁寧に
きれいにたたんで
ヨイショ！　と持ち上げよう。

重い、重い
思い出を抱えて
足を踏ん張って
前を向いて
しっかり立とう。

両手のなかの
思い出を
一本の矢にしよう。

そして

矢を弓につがえて
遠く悠久の彼方をめがけて
力の限り
弓を引こう。

子育ての日々で
弓を引く力は十分に備わっているはず。

力の限り
引き絞った弓で
遠く、遠く、矢を放とう。

放たれた矢は
真っ直ぐに自分の道を飛んでいく。

子育てを手放す瞬間

手の届かないところに
親は自分で矢を放つ。

渾身の力を込めて。
その時、寂しさと同時に
解放感も感じよう。

よくやったじゃない。

押し寄せる寂しさをコントロールする力を
私は持っている。

もう一度、新しく歩き出す力を
私は持っている。

子育ての矢は放った。

もう世話をしたり世話を受けたりする関係は
終わった。

これからは、違う関係を持とう。

日本では大学を卒業するまでは
学費は払ってもらわなくてはならないかもしれ
ない。

親は渾身の想いで子育てを手放したのだ。
だから、子どもはそれを当たり前だと思っては
いけない。

もう自分の世話は自分で出来るけど
学費を払ってくれてありがとう。

そういう関係になろう。

親子だから、という甘えを卒業しよう。

お互いに感謝しあう関係になろう。

親子の関係にしがみつくより
そのほうが、ずっと心地よい。

それぞれの絵を描く

人が生きて、そこに存在することは
家族や社会という絵の一部になることではないだろうか。

多くの動物と比べると、人間の子どもは、どの子も未熟児で生まれてくる。
なぜなら、自分の足で歩けるようになるまでに1年以上もかかるのだから。
野生の動物だったら生き残れるはずはない。
人間の子どもは大人の世話なしには、ほとんど何もできない状態で生まれてくる。

なぜか？

それは脳が発達してきたため。
1歳になるような大きさに成長したら、頭は母親の産道を通ることができない。
だから、人間は未熟な状態で生まれざるを得ない。

そんな状態でも生きていけることを信じて親に
身を委ねられるのは、
「自分は何もできなくても、ここに存在していい
のだ」という感覚を持って生まれてくるから。

何も出来ないのに世話してもらって申し訳な
い、などという感覚を持っていたら
夜中にお腹を空かせて泣き叫ぶことは出来な
い。
自分は生きるために、世話をしてもらっていい
存在。

親は眠れないし、抱っこで両手は塞がるし、
一人にしておけないし。
ママやパパは自分の生活を投げ打って子どもを
育ててくれる。

親から見たら、か弱い存在に思えるけれど
子どもは生き延びるのに全力を使っている。

人間はそこに存在するだけで
まわりの人に影響を与えている。

ただそこにいる。
それだけで子どもは
絶大な存在感を持って、生まれてくる。

子どもは生まれた瞬間から
家族という絵にとって、
なくてはならない大切な存在だ。

成長するにつれ、
学校という絵の中や
仲間という絵の中

そして大人になると社会という絵の中にも人は存在する。

どの絵の中でも
それぞれはその人だけにしか出せない価値を持って存在している。

私たちは、大人になって、いろいろな関わりの中で自信を失うこともある。
本人が自分には価値がないと、感じてしまうことがあっても
人はそこに存在するだけでまわりの人に影響を与えている。
それは子どもも大人も同じ。
いろんな関わりのなかで
それぞれがジグソーパズルのピースのように
それぞれがなくてはならない役割を果たしている。

一つでもピースがないと
パズルの絵は完成しないのだから。

第3章 常識の外側にある本質

ママが幸せになる魔法の言葉

いろんな関わりのなかで
違うピースが集まって
その時々の絵を描いている。

居場所がないと言う人がいる。
でも、居場所はあるはず。
その人がいないと絵は完成しないのだから。

別れもあるし、出会いもある。
その時々で、私たちは新しい絵を描いていく。

出会いと別れをくり返して、
いろんな絵を残していく。
子育ての中に
仕事の中に
友人関係の中に……
いろんな絵が描かれていく。

あなたは何色のピースですか？
どんな形ですか？
どんな模様が描かれていますか？

色や形や模様を変えながら
新しい絵を描いていけばいい。

どんな形でも、どんな色でも、どんな模様でも。

それは、その時の自分なのだから。

ちょっと疲れて、自分に存在価値がないように感じたとき。
人は誰でも「存在しているだけでいい」という感覚を持って
生まれてきたことを思い出そう。

自分は素敵な絵を描いていることに気づくはず。

大人の寂しさを楽しむ ||||||||||||||||||||||||||||||||||||||||||||||||||||||||||||

家族が出来ると一人の時間は極端に少なくなる。
子どもが生まれるとなおさらだ。

ママセミナーのとき
一人の時間ができたら何をしますか？
という質問をすると
ママたちはうっとりした顔で答える
「好きな映画を見に行く」
「女友達と温泉に行く」
「ゆっくり買い物する」
……

他愛のないことなのだけれど
子育て中には夢見るような気持ちになる。
それだけ一人の時間はないということだ。

ママが幸せになる魔法の言葉

朝起きたときから
家族のために食事を作り
仕事が終われば
家族のために買い物をして
子どもの送り迎え
学校行事
明日のお弁当の用意
……

やることはいくらでもある。
しかも、それはみんな家族のため。

独身時代にはいくらでもあった
自分のための、自分の時間。

今や憧れの時……

そういう毎日を何年も過ごしていく。

そして、ある日
子どもが合宿に行ったりして
ふと、一人の時間が訪れる。

そのとき、最初はワクワクして過ごすけど
しばらくすると不思議なことに
空っぽな自分に気づいたりする。

一人になったときやりたかったことは
映画を見る、とか
温泉に行く、とか
ゆっくり買い物する。
みたいに他愛のないことだから
すぐに実現できてしまう。

没頭できる趣味や
挑戦したいと思っていたことや
やりがいのある仕事があればいいけれど

そういうものがあったとしても
いつもの喧噪を忘れた
一人の時間には
普段忘れている感覚を抱く。

自分が自分であることを思い出す。
家族を持って
いつも家族と一緒に、いつも家族のために過ごし
一人の時間を失うことで
初めて、一人の自分を知る。

そのとき、誰かを誘って遊びたくなったり
電話したくなったり
誰かに会いに出かけたくなっても
それはそれでいいのだけれど。

そんなとき、あえて
一人の自分を感じてみよう。

誰かのためだけに生きていると
その寂しさは堪え難いものに感じるかもしれない。

誰かのためにも
自分のためにも生きてきたら
その寂しさを楽しむ余裕が持てるかもしれない。

大人の寂しさは、幼い子どもが母親を探すような
堪え難い寂しさではないはずだ。

ぽつんと一人の時間があって
そこに誰もいなくても
つながりを感じることは出来るはず。

誰もいないときに
人とのつながりを感じるには
信頼関係で結ばれた人間関係を持っている必要
がある。

家族のために生きるのは素敵なこと。
自分のために生きるのも素敵なこと。
さらに、人とつながって、

人に喜んでもらえるような関係も持っていたい。

仕事でもいい
友人関係でもいい

子どもがやがて自立したときに
大人の寂しさを楽しめる人になっていよう。

憧れの一人の時間が訪れたとき
その時間を創造的に有効に使える人になろう。

一人の時間に堪え難い寂しさを感じる背景には
中年期の危機がある。

20代、30代は獲得する変化が多いけれど
40代以降、人生の後半は喪失を伴う変化が増える。

ユングはそれを中年期の危機、と呼んだ。
命の有限性の認識。

憧れの一人の時間が突きつけてくれる。
自分とは？　という問い。

しかし、それは本当の意味で自分自身と向き合い
新たなアイデンティティを獲得していく
統合的な人格を獲得する機会でもある。

111

ふいに訪れる一人の時間に
慌てて何かを始めたり
誰かと会ったり
お酒で寂しさを紛らわせたりせずに
ときには、その寂しさを感じてみよう。

大人の寂しさからは豊かな創造性が広がる。
新しい世界が始まる。

子育ての忙しさに
我を忘れて過ごすことも
とても大切
子どもや家族との時間は十分に楽しもう。
でも、いつか
一人の時間に向き合うときのために
大人の寂しさを楽しめる
豊かで余裕のある大人になっていよう。

子ども心を忘れない

「大人って、大人って！」
　次女の仲良しの友達がよくこう言っていた。

　楽しみにしていたことが大人の都合で中止になったり、
　すごく楽しく遊んでいるときに、

「もう5時だよ。」と言ったとき
「大人って！　大人って！」と、
　可愛らしくすねていたのを思い出す。

　ぐずぐず泣いたり、だだをこねたりせずに
「大人って！　大人って！」と主張する彼女の子ども心が伝わってきて
　温かい気持ちになったものだ。

　子ども心って何だろう‥
　子どもそのものとは違う。

　子どもがだだをこねるときは、
　自分の思いでいっぱいで相手を困らせるけど
　子ども心はちょっと違う。

　子ども心には、自分の気持ちを大切にしつつ
　相手を思いやる優しさがある。

「もう5時だよ。」という私に
「大人って！　大人って！」と言いつつ
「また、明日ね！」と笑顔で帰って行った彼女が残す後味の良さ。

　大人になると
　役割という仮面をかぶったり
　お仕事という枠が出来たりする。

第3章　常識の外側にある本質

113

それはそれで、とても大切なものだ。

大人として社会の中で生きていくには
仮面も枠も必要なのだから。

自立した自分が
他の人と人間関係を築こうと思うなら
相手を尊重するのが大人。

相手を尊重するには
愛を受け入れる能力と
愛を与える能力が必要。

与えるだけの愛は
自分を犠牲にしている。

受け取るだけの愛は
他者を否定している。

愛を与え、愛を受け取る能力があってこそ
信頼関係は築かれる。

大人の理屈だけだと
時々寂しくなる。

子どものままだと生きづらい

相手を思いやる余裕がないから。

子ども心は相手も自分も豊にする。

子ども心は好奇心に溢れている。
「約束がすごく楽しみ！」
「明日になるのが楽しみ！」

知らないことがあると、「なんだろう！」とドキドキする。

「やってみよう！」とワクワクする。

　子ども心を持っていると
　子どもの気持ちが理解できる

　子どもの気持ちを理解した上で
「いいよ。」「それはダメ。」と選択して伝えられる。

　大人は普段、役割の中で暮らしている。
　大人として生きるには、それが必要だから。

　仲間と協調して仕事をしていくには
　時には自分の思いを抑えたり、
　仲間のために行動することは大切

　子どものようにだだをこねていたら

第3章　常識の外側にある本質

ママが幸せになる魔法の言葉

周りの人を困らせるだけだから。

子どものままだと自分も相手も困るけれど
子どもの心を忘れないと
仕事にも前向きになれる。

新しいアイデアを思いついて
それに挑戦する勇気も持てる。

「大人って！　大人って！」の底にある
「楽しそう！」はずっと大切に持っているといい。

子ども心のある人は、あきらめない。
子ども心は未来を向いているから。

子ども心は希望を見ているから。
夏の空を見上げると
小学校のプールに友達と通った夏休みを思い出
す。
真夏の太陽
朝顔、ひまわり
蝉の声

あの頃の気持ちを感じてみよう。

きっとワクワクしてくる。

今日1日が始まる事が楽しくて仕方なかった。

あの頃の子ども心を忘れずにいよう。
子ども心を持った大人は
素敵な人間関係を持っている。

子ども心を持った大人は
前向きな気持ちで仕事に挑戦できる。

守りに入らず
変化を楽しめる。

現状維持は楽だけど
変化のない生活は自分を成長させることができない。

子ども心は今を楽しむ知恵を持っている。

子ども心を忘れず
今と未来を楽しめる大人になろう。

過去にこだわっても、未来は何も変わらないのだから。

親子のカタチ

　ふらりと覗いた本屋で、堀江貴文氏の『ゼロ──なにもない
自分に小さなイチを足していく』を手に取った。

初めて語られる父母のこと。

一人息子の授業参観に一度も来たことのない母。

参観に来ない理由は、授業参観より仕事の優先順位が高いから。潔し！　と、感じた。

東大合格。23歳で起業。東証マザーズ上場。そして、逮捕。

親は子どもにどんな影響を与えたのだろう。

いい親ってなんだろう。

イギリスの精神科医D．W．ウィニコットは、「よい母とは Good enough mother（ほどよい母親）だ。」と、言った。ほどよい母親とは、特別に育児の能力に長けた完璧な人のことではない。子どもに自然な愛情を注ぎ、子どもと一緒に過ごす時間を楽しむことのできるどこにでもいるような母親を指している。

完璧に子どもの欲求を満たしてしまうより、子どもの依存心（愛情欲求）を満たしながらも、心理的自立を少しずつ促進していける母親。子どもの依存性と自立性のバランスを取りながら、やがて子どもが自立できるように導いていく。

親が自立していなければ、子どもを自立に導くことは難しい。

そう考えると、ほどよい母親とは自分の生き方に責任を持つことを選んだ女性のことかもしれない。

「私は、こう生きます！」
　そう宣言して生きることは、ときに子どもを辛くさせる。
　辛いけど、子どもはそこから何かを学ばざるを得ない。

　人にはそれぞれ、ストーリーがある。

　その根底には家族のカタチがある。
　人の数だけ親子のカタチがある。

　丸かったり
　四角だったり
　海のようだったり
　空のようだったり
　青かったり
　赤かったり
　重かったり
　軽やかだったり

　親子のカタチに、よいも悪いもないのだ。

　よい悪いで判断すると見えなくなってしまうような、もっと
大切な何かがあるように思う。

「授業参観より仕事が優先」
　この親子のカタチは、ちょっと変わっているのかもしれな
い。

しかし、すべてを失ってもゼロから歩ける力
は、親子のカタチに秘められていたに違いない。
　自分がもらった親子のカタチに
　心の耳を澄ませてみよう。

　心の瞳を凝らしてみよう。

　そこにはきっと、自分が生きていくのに
　一番大切なメッセージが眠っている。

　それを見つけたら
　ヴィクトール・フランクルの言う
　「生きる意味」が見えるような気がする。

エピローグ

アルバムの中の笑顔

探し物をして
引き出しの中をゴソゴソ探っていたら
1枚の写真が入っていた。

5年前の家族の写真。

たった5年だけど
子どもたちは
今よりずっと幼い。

屈託のない笑顔。

切り抜かれた幸せな瞬間。

子どもが幼かった時の写真には
不思議な力がある。

その時、その時が
幸せなだけではなかったはずなのに
幼い子どもを育てる日々は
大変なことばかりのように
感じる毎日だったのに
写真の中には
幸せが溢れている。

辛かったことが
すっかり洗い流されてしまったかのように
暖かさだけが
残っている。

もしも、今
写真を撮ってしまっておくと
何年か後には
やっぱり、同じように
日常諸々の感情が消えて
幸せな笑顔が残っていくのだろう。

1枚、1枚の写真に
幸せが宿っているから
家族のアルバムは
いつでも優しい気持ちを連れてくる。

アルバムの中の笑顔は
その瞬間を肯定している。

よくやっているね、と。

人は時々
ふと
昔のアルバムを開きたくなる。

エピローグ

ママが幸せになる魔法の言葉

よくやっていた自分がそこにいて
笑顔の自分がそこにいて
現在の自分に勇気をくれる。
いろいろあるけど
現在の自分も
やがて、過去になり
未来の自分に力を与える。

そうやって人は生きている。

アルバムの中の笑顔は
優しい眼差しで
いまの私を見守っている。

さあ、アルバムを閉じて
また歩き始めよう。

どんな現在も
やがては、幸せで彩られるのだから。

注釈 ────────────────────────────

P. 37

○ミルトン・エリクソン（1901 〜 1980）

催眠療法家として知られる精神科医。精神療法に斬新な手法を用い
た。その名人芸は「アンコモンセラピー」「魔術師」と呼ばれた。
自身が極めて重篤な身体障害を煩っていたことが催眠療法を独習す
るきっかけとなった。彼の催眠は従来の古典催眠とは大きく異なる
ため、現代催眠、エリクソン催眠と呼んで区別される。

○催眠療法

クライアントを変性意識状態（トランス状態）に導くことにより、
潜在意識（無意識）に働きかける心理療法。

P. 82

○星の王子さま

フランス人の飛行士・小説家　アントワーヌ・ド・サン＝テグジュ
ペリの代表作である小説。

P. 111

○ユング

カール・ユング（1875 〜 1961）スイスの精神科医・心理学者。深
層心理について研究し分析心理学（ユング心理学）を創始した。

P. 118

○ D.W. ウィニコット（1896 〜 1971）

イギリスの小児科医、精神科医、精神分析家。対象関係論の領域で
広く知られている。

P. 120

○ヴィクトール・フランクル（1905 〜 1997）

オーストリアの精神科医、心理学者。ロゴセラピー（人が自らの「生
きる意味」を見出すことを援助することで心の病を癒す心理療法）
の創始者。ナチスにより強制収容所に収容された経験を元に著した
「夜と霧」で知られている。

125

石井久恵（いしい　ひさえ）

歯科医師・臨床心理士
日本大学歯学部卒業
アライアント国際大学カリフォルニア臨床心理大学院卒業

２丁目石井歯科医院（栃木県足利市）　　歯科医師。
ハートコンシェルジュ（東京代官山）　　心理カウンセラー

心の通う医療を目指す２丁目石井歯科医院は、第３回歯科甲子園D1グランプリにて患者様満足度部門全国１位、決勝の医院理念プレゼンでもグランプリ金賞を受賞。
歯科、心理学、栄養療法を組み合わせた、子育てに余裕が生まれる母親向けプログラム「ははは（歯＆母）窓」主催。
講演や執筆を通して、ママと子どもをHAPPYにする夢を追っている。

大川みゆき（おおかわ　みゆき）

挿絵／銅版．エッチング
　「ピンクのドレス」プロローグ
　「重なる心」　　エピローグ

ママが幸せになる魔法の言葉

2015年８月18日　初版１刷発行		
2015年10月21日　初版２刷発行	著　　者　石井久恵	
	企画編集　OFFICE TSURIBE	
	発 行 所　ブックウェイ	
	〒670-0933　姫路市平野町62	
	TEL.079 (222) 5372　FAX.079 (223) 3523	
	http://bookway.jp	
	印 刷 所　小野高速印刷株式会社	
	©Hisae Ishii 2015, Printed in Japan	
	ISBN978-4-86584-052-0	

乱丁本・落丁本は送料小社負担でお取り換えいたします。

本書のコピー、スキャン、デジタル化等の無断複製は著作権法上での例外を除き禁じられています。本書を代行業者等の第三者に依頼してスキャンやデジタル化することは、たとえ個人や家庭内の利用でも一切認められておりません。